झांकी हिन्दुस्तान की

(साझा संग्रह)

आरती प्रियदर्शिनी
(संपादक)

Delhi - 110089, India

संस्करण : 2020
ISBN : 9789389984347

प्रखर गूँज पब्लिकेशन
एच–3/2, सेक्टर–18, रोहिणी, दिल्ली–110089
दूरभाष : **7982710571, 7838505899, 011-27851059**

प्रथम संस्करण : 2020
मूल्य : 200/-

झांकी हिन्दुस्तान की
आरती प्रियदर्शिनी
(संपादक)

Jhanki Hindustan Ki
ByA rtee Priydarshini

Published by
PRAKHAR GOONJ PUBLICATION
Delhi-110089
E-mail : prakhargoonj@gmail.com
          sinha.neelu123@gmail.com
Ph. : 011-27851059, 7982710571, 7838505899

यूं तो देश भक्ति की कोई स्थापित परिभाषा नहीं है फिर भी देशभक्ति अपने आप में एक ऐसा शब्द है जो किसी भी व्यक्ति को उसके अपने देश के प्रति एक प्रेम पूर्ण ऊर्जा भर देता है। सीमा पर तैनात हर सिपाही स्वयं में देशभक्ति की एक परिभाषा है, जो अपनी जान की परवाह न करते हुए सीमा पर कर्तव्य निष्ठा के साथ जुटे रहते हैं इससे पहले हमारे देश के अंदर की जनता व्यभिचार, भ्रष्टाचार, नशाखोरी, अपराध इत्यादि में लिप्त रहती है। ऐसा लगता है मानो देश की रक्षा की जिम्मेदारी सिर्फ सेना के हाथ में है। जबकि ऐसा नहीं है, हमारे सैनिक हमारे देश के प्रहरी हैं। वह बाहरी दुश्मनों से देशवासियों की रक्षा करते हैं। परंतु देश के अंदर की गतिविधियां हमारे ऊपर निर्भर करती हैं। हम जैसा व्यवहार करेंगे, हम अपना चरित्र जैसा रखेंगे हमारा देश वैसा ही बनेगा। देशभक्ति का अर्थ यह नहीं है कि हम स्वतंत्रता दिवस या गणतंत्र दिवस के दिन झंडारोहण कर ले या फिर कुछ देशभक्ति गीत गुनगुना ले।

देशभक्ति का सच्चा अर्थ यह है कि हम अपने देश के प्रति अपने नागरिक कर्तव्यों को ईमानदारी से पूरा करें। अपने देश से भ्रष्टाचार अपराध इत्यादि को रोकने में सहयोग दें। देश के संविधान में बनाए गए नियमों का पालन करते हुए देश की एकता, अखंडता और संप्रभुता की रक्षा करना हर नागरिक का सर्वप्रथम कर्तव्य है। नागरिक धर्म के प्रति हम अपने कर्तव्यों का ईमानदारी से पालन करते हुए हैं देश को सर्वगुण संपन्न बना सकते हैं ।

आरती प्रियदर्शिनी,
गोरखपुर

अनुक्रम

झांकी हिन्दुस्तान की

(साझा संग्रह)

अनामिका अनूप तिवारी
नोएडा

प्रेम की ओढ़नी

'यहीं तो रखी थी..........आखिर कहाँ चली गयी' खुद से सवाल करती प्रीतो रुआँसी हो गयी थी..........ऐसा लग रहा था पूरे घर में बवंडर घूम कर गया हो, मैं कमरे के एक कोने में किवाड़ की ओट में खड़ी हो गई, डर था आज प्रीतो के कोप का भाजन मैं ही नहीं ना बन जाऊँ।

'देख..........प्रीतो, मेरे पास तीन चार है चाहें तो एक ले ले'

मैंने आग को शांत करने के लिए पानी डालने की कोशिश की पर वो तेल का काम कर गयी।

'क्या बोली' प्रीतो की आंखे आंसुओं के बीच आग का गोला बनी हुई थी।

'अच्छा, नाराज मत हो......... चल मिल कर ढूंढते हैं। मैं धीरे से उसके पास आ कर खड़ी हो गयी।

प्रीतो रूप, गुण के मामले में पूरे गाँव में अव्वल और मेरी पक्की सहेली थी......गांव के अंतिम छोर पर भोलेनाथ का मंदिर है वहाँ हमने सात जन्मों के लिए सहेली बनने की कसम ली थी और उसी मंदिर के बागीचे में मणि और प्रीतो के प्रेम की पहरेदार भी बनी।

'गौरी..........ये प्रीतो कहाँ है? हे प्रभु ! ये घर की हालत कैसी..........किसने की?' जानकी ताई के चिल्लाने से पूरा घर हिल गया।

'प्रीतो देख.....ताई आ गयी है, चुपचाप उठ.....पूछेंगी तो मैं झूठ नहीं बोल पाऊंगी सच बोलूंगी तो महादेव जी मुझे भस्म कर देंगे' अब मैं रोने वाली थी.....मंदिर में बनी सहेली और साथ मे खाई कसमें.....कि.....कभी साथ नहीं छोड़ूंगी अगर छोड़ी तो भोलेनाथ भस्म कर देना मुझे.....अब मेरे ही सिर पर आया।

'क्या गुल खिला रही हो तुम दोनों' गरजती हुई ताई सिर पर खड़ी थी।

'अम्मा.....वो मेरा.....ये तुमने मेरी ओढ़नी ओढ़ी?' क्रोध और अचरज से भरी प्रीतो ने ताई को देखा।

'अरे हाँ..... ये, वो किशनचंद के यहाँ पहन कर गयी थी, सुंदरकांड का पाठ रखा था.....उसके बेटे मणि का अभी कुछ पता नहीं चला, एकलौते बेटे की जिद पर फौज में तो भेज दिया, पर जान अटकी ही रहती है दोनो की' ताई एक पल के

लिए घर की हालात भूल कर आहे भरती धीरे से बोली।

प्रीतो झट से ओढ़नी ताई के ऊपर से खींच ली, उसे मुँह ढकते हुए जोर जोर से रोने लगी, ताई हतप्रभ, गुनहगार बनी देख रही थी।

आखिर इस ओढ़नी में ऐसा क्या है 'प्रीतो.....क्या हुआ बिटिया.....अच्छा चल माफ कर दे, आगे से तेरे किसी भी जोड़े को हाथ नहीं लगाउंगी.....रोना बंद कर ना बिटिया, अभी तेरे बाबा आएंगे तो मुझ पर बरस पड़ेंगे'

लेकिन प्रीतो को हम दोनों की आवाज सुनाई नहीं दे रही थी वो जोर जोर से रोये जा रही थी।

'अम्मा.....मेरा मणि मिल जाएगा, देखना..... उसकी दी हुई फुलकारी ओढ़नी मिली ना.....वो भी मिलेगा, मेरा मणि मिल जाएंगा' कहते हुए प्रीतो वही लुढ़क गयी, पूरे गांव में शोर मच गया.....आज प्रीतो के रूप गुण छोड़ चरित्र की चर्चा हो रही थी।

दो घंटे के बाद प्रीतो के शिथिल पड़े शरीर में थोड़ी चेतना आयी।

'मणि.....'

'प्रीतो.....प्रीतो.....उठ' मैं उसको गांव और घर मे मचे तूफान से पहले ही आगाह करना चाह रही थी, मेरी थोड़ी कोशिश के बाद प्रीतो उठ कर बैठी लेकिन शून्य पड़ गयी थी।

ताई, बाबा, किशन काका, काकी और मेरी माँ एक साथ कमरे में दाखिल हुए..... सब सवालों का ढेर ले कर आये थे एक एक कर के गिराते गए.....माँ मुझे खा जाने वाली नजरों से देख रही थी।

'मैं और मणि एक दूसरे से प्रेम करते है, अगर ये गुनाह है तो.....हाँ..... मैंने किया है ये गुनाह'

'लेकिन तू तो ओढ़नी के लिए रो रही थी.....ये बीच मे मणि कहाँ से आ गया' ताई को अभी भी प्रीतो की बात पर यकीन नहीं था।

'अम्मा.....विपत्ति के इस क्षण में जब आप सभी भगवान को अपना संबल बनाये है मेरा संबल ये फुलकारी ओढ़नी है जिसे जाते वक्त भोलेनाथ के मंदिर में मणि मेरे सिर पर डाल गए थे।

कमरे मे सवालों से भरी खामोशी थी वही दर्द में डूबी प्रीतो की सिसकियों के बीच कबूलनामा।

'तुझे इतना तो पता है उसका कोई पता नहीं, पता नहीं है भी या.....और ये बदनामी का दाग कैसे धोएंगे.....कोई जवाब है?' ताऊ ने गुस्से से तेज आवाज में कहा।

'बाबा.....मणि को देश से प्रेम है तो मुझे मणि से, अगर मेरे मणि ने देश के लिए जान दे दी है तो यकीन करो ये प्रीतो भी मणि के लिए अपनी जान दे देगी।

प्रीतो ने कहा.....सभी तठस्थ थे, मौन थे, ताऊ बेशर्म का संझा दे कर तमतमाते हुए कमरे से बाहर निकल गए.....अब सवालों की संख्या कम होने लगी।

'बेटी.....दुआ करो, मणि की सलामती की खबर आ जाएं, ओढ़नी ओढ़ा कर आधी रस्म निभा गया है आये तो पूरी रस्म अब मैं निभाऊंगी' काकी ने प्रीतो को गले से लगाते हुए कहा।

कमरे में अब मैं और प्रीतो थे.....आरोप और कबूलनामे के बाद काकी की सहमति ने सबके मुँह पर ताला लगा दिया था।

'प्रीतो.....वो आएंगा ना' मेरे मन में भी उथलपुथल मची थी।

'गौरी.....मैंने आज तक उसकी धड़कन की आवाज से मधुर कोई आवाज नहीं सुनी है, मैंने उस आवाज को आत्मसात कर लिया है, वो मेरे हृदय में धड़कता है, इस वक्त मेरे प्रेम में पीड़ा है बिछोह है लेकिन यकीन भी है ये पीड़ा कुछ वक्त की ही है' ओढ़नी को सहलाते हुए बोली।

'दीदी..........दीदी'

'क्या हुआ छोटे.....इतना चिल्ला क्यों रहा है' मैंने गुस्सा करते हुए कहा।

'किशन काका के पास फोन आया था.....मणि भैया मिल गए, दो आतंकवादियों को मार कर आये हैं.....उनको भी चोट आई है, हॉस्पिटल में हैं वही से फोन आया था' एक साँस में छोटे बोल गया।

मैं खुशी से रोते हुए प्रीतो को ओढ़नी ओढ़ाते हुए बोली.....'मान गयी आज.....प्रेम में बड़ी ताकत होती है, अब दुल्हन बनने की तैयारी कर'

प्रीतो का चेहरा प्रेम से ओजमयी था, वहीं आंखों से झर झर आंसू बह रहे थे।

****

लाल चन्द्र यादव
बरेली

कब? कहाँ? कौन? क्यों? देशद्रोही कहे!

कब? कहाँ? कौन? क्यों? देशद्रोही कहे!
ये मुझे ना पता ये तुझे ना खबर।
कब? कहाँ? कौन? क्यों? देशद्रोही कहे!
ये मुझे ना पता.....

मैं समझता था, गुलशन ये गुलजार है।
अब समझता हूँ कांटों का दीदार है।
कुछ तुम्हें भी कहे, कुछ मुझे भी कहे।
कब, कहाँ, कौन, क्यों.....
ये मुझे ना पता.......

खौफ तुमको भी है, खौफ मुझको भी है।
खुद को साबित करूँ? दर्द खुद को भी है।
कोई बागी कहे, कोई काफिर कहे।
कब? कहाँ? कौन? क्यों?........
ये मुझे ना पता.......

ये मुझे भी गवारा लगेगा, सुनो।
खुद सवालों के उत्तर तलाशो उठो।
अपने घर में ही बेगाना कोई कहे!
कब? कहाँ? कौन? क्यों?.......
ये मुझे ना पता.........

माँ की ममता की कीमत समझता हूँ मैं।
उसके आँचल की छाया में पलता हूँ मैं।
माँ समझती है, बाकी कोई कुछ कहे।
कब? कहाँ? कौन? क्यों?........
ये मुझे ना पता.......

लीला कृपलानी
जोधपुर(राजस्थान)

झांकी हिन्दुस्तान की

अक्सर
बात शुरू होती है
चाय की थड़ी पर
बैठे चार लोगों से
बहस
हो जाती है
लोग एकत्रित होने लगते हैं
बहस में शामिल होने
क्रिया प्रतिक्रिया के बीच
नहीं निकलता कोई निष्कर्ष
पर अफसोस
कोई बात नहीं करता
दिलों की बढ़ती दरारों पर
भटकते युवा के टूटे सपनों पर
श्रमजीवी की आस पर
बढ़ती आत्महत्याओं पर
संकीर्ण मानसिकता
संवेदनहीनता और अहम
हिन्दुस्तान की झांकी
सजने नहीं देती
कोई न कोई कमी
रह ही जाती है
और
झांकी अधूरी की अधूरी।

रौशनी अरोड़ा 'रश्मि'

स्वतंत्रता दिवस पर देश के प्रति प्रेम और भाईचारे का संदेश

भारत देश, हमारा देश, बड़ा ही प्यारा देश। 'सारे जहाँ से अच्छा, हिन्दोस्तां हमारा'। भारत देश, यानि हम सबकी मातृभूमि। हम सभी अपनी मातृभूमि को 'भारत माता' भी कहते हैं। आज हमारे देश में पाप, भ्रष्टाचार, आतंक, अत्याचार और एक—दूसरे के प्रति कुटिलता भरी नफरत का जहर इस कदर बढ़ चुका है के, इस देश का प्रत्येक नागरिक एक—दूसरे का सरेआम कत्ल करने पर उतारू हो रहा है। इस देश का प्रत्येक नागरिक एक—दूसरे से इतनी नफरत, घृणा, द्वेष और आपस में मतभेद करने लग गया है। कोई एक—दूसरे को जीने ही नहीं देना चाहता है। जिसका फायदा हमारे मुल्क के, बाहर के लोग नाजायज ही उठा रहे हैं। अगर हमारे देश के लोग आपस में ही इतनी मारधाड़ और दंगे—फसाद करते रहेंगे तो, दूसरे मुल्क के लोग तो इस बात का नाजायज फायदा तो उठाएँगे ही। जबकि हमारा मजहब हमें मारधाड़, लूटपाट और दंगे—फसाद करने की इजाजत नहीं देता। बल्कि हमारा मजहब तो हमें चैन का, सुकून का, शांति का, अमन का, प्रेम का, उन्नति का, सदाचारी का और भाईचारे का गुण सिखाता है।

लेकिन समस्या ये है कि भारत का कोई भी व्यक्ति आज के दौर में इनमें से किसी भी आचरण पर नहीं चल रहा है। हमारे देश का हर इंसान आज एक—दूसरे के खून का प्यासा हो गया है और यही वजह है कि, हमारा भारत देश धीरे—धीरे पूरी तरह से खोखला होता जा रहा है। आज हमारे देश के किसी भी नागरिक के सीने में देश के प्रति जरा सा भी प्रेम नहीं है, हमारे देश के लिए कुछ भी कर दिखाने का जजबा ही नहीं है। हो भी कैसे सकता है? जब हमारे देशवासियों को आज के समय में अपने परिवार से ही प्यार नहीं है तो, एक नागरिक के मन में दूसरे नागरिक के प्रति प्यार कहाँ से उत्पन्न होगा, तो जरा आप ही सोचिए कि देश के प्रति कैसे होगा?

आज के दौर में हर इंसान के मन से इंसानियत और देश के प्रति जो

प्यार था वो अब मर चुका है। आज हमारे देश को 'श्री भगत सिंह जी', 'श्री ज्वाहर लाल नेहरू जी', 'महात्मा गांधी जी (मोहनदास करमचंद गांधी जी)' और 'चंद्रशेखर आजाद जी' जैसे ही देश के प्रति प्रेम और जजबा रखनेवाले जाँबाजों की बहुत जरूरत है। हमारे देश में ऐसे साहसी, पराक्रमी, वीर, बहादुर और अपने देश पर मर–मिटने वाले जाँबाज व्यक्तियों की बहुत ही कमी हो गई है।

जरा सोचिए कि अगर कोई अपनी मातृभूमि से प्यार ही नहीं करेगा, उसके लिए अपने प्राण न्यौछावर करने का साहस दिखाने के लिए सामने ही नहीं आएंगा, तो हमारी प्यारी 'मातृभूमि' का क्या होगा और पूरे देश का क्या होगा? मेरे मन में तो अपने परिवार के साथ– साथ, अपने देश के प्रति भी अपार प्रेम है। अगर मुझे अपने देश लिए कुछ भी करने का अवसर प्रदान होगा तो मैं उसे अपना सौभाग्य समझूँगी।

काश! कि जो मेरे विचार हैं अपने देश के प्रति, वो इस देश के समस्त भारतवासी में होता। तो आज हमारा देश कहाँ से कहाँ तक पहुँच जाता। अगर हम सभी देशवासी एकजुट होकर, आपस में मिलकर रहें और अपनी एकता को बरकरार रखें तो कोई भी दूसरा मुल्क हमारे देश का बाल भी बाँका नहीं कर सकता।

इसलिए मेरी सबको यही सलाह है कि हम सभी को आपस में प्रेम से और मिल–जुलकर ही रहना चाहिए और अपने–अपने मन से सारे गिले–शिकवे दूर कर देने चाहिए और देश के हर नागरिक को अपने देश के प्रति बलिदान देने को हमेशा तत्पर रहना चाहिए। तभी तो मैं और आप सभी मिलकर बड़े ही गर्व से ये कह सकेंगे कि :–

मेरा देश आजाद है।
हमसब यहाँ स्वतंत्र हैं।
मेरा देश सोने की चिड़िया है।
अमन–ओ–शांति का प्रतीक है।
मेरा देश मेरा भारत महान है।
जय हिन्द जय भारत।

अखिल बदायूंनी

सर पे कफन बाँध लो अपने दुश्मन ने ललकारा है

सर पे कफन बाँध लो अपने, दुश्मन ने ललकारा है,
जाग जाओ अब सोने वालो, भारत माँ ने पुकारा है।

वक्त नहीं है अब सोने का अब तो कुछ करना होगा,
इन पागल कुत्तों का अब तो निशां साफ करना होगा।

आदेश करो अब दिल्ली से, सेना के बन्धन तोड़ो तुम,
आतंक जाति के कुत्तों पर, शेर हिन्द के छोड़ो तुम।

घाव कसकता है सीने में, लहू तरंगें भरता है,
लाशें देख देख वीरों की, लहू आँख से बहता है।

आओ आज निभा जायें हम, जो कर्तव्य हमारा है,
सर पे कफन बाँध लो अपने, दुश्मन ने ललकारा है।

सोचो क्या बीती होगी, अपने उन सब शेरों पर,
उढ़ाया होगा जब तिरंगा लाशों के उन ढेरों पर।

बाजू फड़क गये होंगे और भभके सीने होंगे,
शेरों ने शेरों के टुकड़े, जब हाथों से बीने होंगे।

गर भूल गए हम ये कुर्बानी, बेकार हमारा जीना है,
किस मुँह से हम बोलेंगे कि छप्पन इंची सीना है।

बदला माँग रही कुर्बानी, तुम पर कर्ज हमारा है,

सर पे कफन बाँध लो अपने, दुश्मन ने ललकारा है।

आँसू नहीं अब इन आँखों में, बारूदों के अंगार भरो,
निशां मिटा दो धरती से अब, दुश्मन का संहार करो।

आर पार की करो लड़ाई, जो होगा देखा जायेगा,
बार बार होने से अच्छा सब एक बार हो जायेगा।

भारत माँ की तुम्हें कसम है, औ सौगंध है गंगे की,
माँ के दूध का कर्ज चुका दो, रख लो लाज तिरंगे की।

नहीं खोखली हड्डी अपनी, ना पानी लहू हमारा है,
सर पर कफन बाँध लो अपने, दुश्मन ने ललकारा है।

भारत माँ के आँचल पर हम आँच नहीं आने देंगे,
वीर शहीदों की कुर्बानी, हम व्यर्थ नहीं जाने देंगे।

या सरहद पर लड़कर हम अपनी जान गवां देंगे,
या दुनियाँ के नक्शे से हम पाकिस्तान मिटा देंगे।

हम हैं खिलाड़ी बारूदों के, जान हथेली रखते हैं,
सरहद पर कुर्बानी देकर, शान ए तिरंगा रखते हैं।

जीते जी ना झुकने देंगे ये संकल्प हमारा है,
सर पे कफन बाँध लो अपने दुश्मन ने ललकारा है।

प्रियंका त्रिपाठी
गोमती नगर, लखनऊ

भारत का स्वर्ण काल है

नये हस्ताक्षर, नई ओज, नये साहस से परिपूर्ण है
यह लाल किले का दुर्ग है, जो सदियों बाद देख रहा
भारत का स्वर्ण काल है
आजादी के बाद नित नए, भ्रष्टाचार के बंधन से
मुक्त होने की छटपटाहट, हुँकार बन रही जन–जन में
जाति, धर्म और प्रांत से ऊपर, राष्ट्र हित का ध्यान करें
देश प्रेम सर्वोपरि, आओ उस पर अभिमान करें
जागो की नई पुकार है, भारत का स्वर्ण काल है
नवचेतन, नवऊर्जा से आमोत्थान सीख रहा
नवनिर्माण पथ पर भारत हर दंश जीत रहा
सन सैंतालीस का किसलय, अब वृक्ष बन बढ़ चला
वैश्विक परिवेश में भारत, नई परिभाषा गढ़ चला
गणतंत्र की दहाड़ है, भारत का स्वर्ण काल है
वीर–बाँकुरों के रण कौशल, देख बैरी थर्राते हैं
पाकिस्तान की बात ही क्या, चीनी भी मुंह की खाते हैं
धारा 370 की टूटी अब जंजीरे हैं
नए रास्ते नई दिशाएं और नई उम्मीदें हैं
युवाशक्ति की टंकार है, भारत का स्वर्ण काल है
नये हस्ताक्षर, नई ओज, नये साहस से परिपूर्ण है.............

गौरी शंकर भक्त
मुजफ्फर पुर, बिहार

हिंदुस्तान की औलाद है फौलाद

हिंदुस्तान की धरती महान,
कण कण के अन्न में ज्वाला।
करोगे टेढ़ी नजर मेरे तरफ,
उस नजर में बारूद भर देंगे।
हिंदुस्तान की औलाद है फौलाद

रहना धरती पर तुम्हे दोस्त बन
वस्तु क्या चीज है जान भी लुटाएंगे।
चाहिए मदद तुम्हे प्रेम से बोलो,
दुनिया की हर चीज तुम्हे सहर्ष देंगे।
हिंदुस्तान की औलाद है फौलाद

ये मत भूल करना तुम परोशी,
हम लड़ते झगड़ते आपस में।
क्योंकि हम है साम्यवादी,
सब को है अपनी आजादी।
हिंदुस्तान की औलाद है फौलाद

अलग अलग धर्म बोलो भी अलग,
पर जन्मे हिंदुस्तान की धरती पर।
अंतर नहीं खून पानी से सब एक,
अंतर नहीं करते दुश्मन की ललकार को।
हिंदुस्तान की औलाद है फौलाद

भूल गए वो दिन एक हिंदुस्तानी,
सौ सौ जवान तुम्हारे शहीद हुए।
एक हिंदुस्तानी दस टैंक को स्वाहा की,
किया था मजबूर तुम्हे राजधानी बदलने पर।

हिंदुस्तान की औलाद है फौलाद

तुम क्यों बहक रहे हो नादान,
मेरे आश्रय पर तुम जीते हो।
तुम्हे तो औकाद नहीं अपनी,
पानी बहाने की पर जाएंगे लाले
दाने दाने की।
हिंदुस्तान की औलाद है फौलाद।

किरण मिश्रा 'स्वयंसिद्धा'
नोयडा

मेरे सपनों का भारत

न हो अब पेट कोई भूखा,
न आँख सपनों से खाली हो,
रंगा हर दिन हो अब फागुन,
सजी हर रात दीवाली हो।

कोई बच्चा न अनपढ़ हो,
न कोई माँ रूदाली हो,
सभी को हक मिले अपना,
मानवता अब न गाली हो।

मिले जब हम गले लग ईद,
तो जजबा न सवाली हो,
राम का राज्य हो भारत,
तो रमजान भी मिसाली हो।

यही हो अपना भारतवर्ष,
न कोई धर्म बवाली हो,
मिटे हम देश पर अपने,
न दंगाई न मवाली हो।

पत्थरों का नहीं ये देश,
शान्ति से शान्ति का संदेश,
निशाने पर न जे एन यू हो,
जामिया अब न गाली हो।

सजाकर भाई चारा हाथ,
फहराये हम तिरंगा साथ,
यही हो भजन, संकीर्तन,
यही अजान, कव्वाली हो।
जय हिंद, जयभारत

माला वर्मा
पश्चिम बंगाल

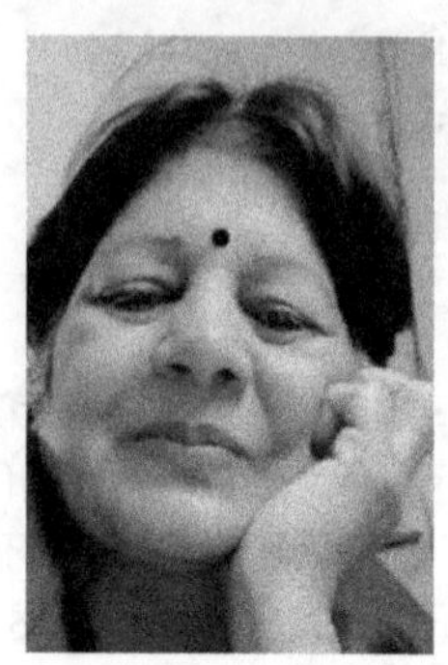

आओ हम सब गाएं मिलकर

आओ हम सब गाएं मिलकर
देशभक्ति का गान
याद करें उनको जिन द्वारा
हुआ यह देश महान
मोहनजोदड़ो और हड़प्पा
मगध पाटलिपुत्र
वैशाली कन्नौज मालवा
गंगा और ब्रह्मपुत्र
सिंधु नदी झेलम चेनाब
कृष्णा कावेरी महानदी
सदियों से इनकी घाटी ने
हमें अन्न दिया हमें जीवन दी
हिमालय जिसका मस्तक हो
और सागर पहरेदार
कहीं–कहीं है गर्म मरुस्थल
कहीं–कहीं शीतल बौछार
इतनी भाषा इतनी बोली
अलग–अलग त्यौहार
फिर भी हम सब रहते
जैसे एक बड़ा परिवार
हैदर टीपू झांसी की रानी
राणा की तलवार
कभी नहीं भूलेंगे
इनके शस्त्रों की टंकार
गौतम बुद्ध और महावीर ने
की हिंसा पर रोक
जिस पथ पर चल प्रबुद्ध हुए
सम्राट अशोक

गांधी जी ने भी अपनाया
यही अमोघ हथियार
और दिला दी हमें आजादी
बिना खड्ग तलवार
हम शांति प्रिय देश है यारों
प्रिय है आत्मसम्मान
आओ हम सब मिलकर बोले
मेरा देश महान।

हेमलता राजेंद्र शर्मा मनस्विनी
मध्य प्रदेश

पुलवामा के शहीद

मुहब्तों के गीत, अब सुनाये नहीं जाते।
तीज त्योहार, अब मनाये नहीं जाते।
छिन गई जिनकी बुढ़ापे की लाठी,
चंद सिक्कों से बहलाये नहीं जाते।
उठ गई हों जवां भाई की अर्थियां,
बहनों से सावन मनाये नहीं जाते।
धुल गया हो बेटी की मांग का सिंदूर,
यूं कुर्बानी के सबूत मांगे नहीं जाते।
जिस थाली में खाते उसी में छेद करें,
क्यों जयचंदो को भगाये नहीं जाते।
कविता के नाम पर फूहड़ता परोसते,
जमीर इस तरह लुटाये नहीं जाते।
उगलती हों जहर जिनकी जवाने,
आस्तीनो के सांप सहलाये नहीं जाते।
पाक की नापाक देखकर हरकतें,
दोस्ती के रिश्ते निभाये नहीं जाते।
शहादत की जिन्होंने देश की खातिर,
पुलवामा के शहीद भुलाये नहीं जाते।

लीना खेरिया
अहमदाबाद, गुजरात

वन्दे मातरम

मान है ये सम्मान है
हर भारतीय का अभिमान है
सारे विश्व में सबसे प्यारा
हमारा हिंदुस्तान है.....

सहस्त्र वेद पुराणों की
मेरे देश की माटी साक्षी है
संस्कार व संस्कृति ही तो
मेरे भारत की पहचान है..........

सारे विश्व में सबसे प्यारा
हमारा हिंदुस्तान है.....

देश पर मर मिटने वाले
फाँसी के फँदों पर झूल गये
इसकी स्वतंत्रता की खातिर
दिये वीर सपूतों ने बलिदान है.....

सारे विश्व में सबसे प्यारा
हमारा हिंदुस्तान है.....

विश्व गुरू बनने की राह पर
अब मेरा भारत चल पड़ा
लोहा मान रही है दुनिया
सब गा रहे गुणगान है.....

सारे विश्व में सबसे प्यारा
हमारा हिंदुस्तान है.....

बड़े–बड़े सब देश विश्व के
अब इसके आगे नत मस्तक है
हमने वापस पा ही लिया
अपना खोया स्वाभिमान है..........

सारे विश्व में सबसे प्यारा
हमारा हिंदुस्तान है.....

चाँद और मंगल पर भी
अब हमने पैर जमाये है
रोज नये आसमान को छूते
अब ऊँची हमारी उड़ान है..........

सारे विश्व में सबसे प्यारा
हमारा हिंदुस्तान है.....

देश प्रेम की हर ओर है चर्चा
देश भक्ति के गीत हैं
स्वछंद हो लहराता तिरंगा
अब अजब ही उसकी शान है.....

सारे विश्व में सबसे प्यारा
हमारा हिंदुस्तान है.....

डा. नीना छिब्बर
जोधपुर

भारत की आजादी के गुमनाम नक्षत्र

भारत की आजादी में अनगिनत क्रांतिकारियों ने अपने जीवन को होम किया। उनकी बहादुरी की कहानियाँ और कथाएं सदियों तक जनमानस के हृदयपटल पर अंकित रही हैं। इन में से कुछ नाम हैं अशफाकउल्ला खाँ, उधम सिंह, भगतसिंह, सुखदेव, राजगुरु, बटुकेश्वर, चंद्रशेखर आजाद, जैसे असंख्य नाम हमें अपनी आजादी की कद्र करने की सीख दे गये हैं। इतिहास में इन जैसे कई नाम स्वर्णिम अक्षरों में दर्ज हैं।

पर कई नाम ऐसे भी हैं जो इतिहास में तो कम दिखे हैं पर इनकी शहादत भी देश की आजादी में महत्त्वपूर्ण और अमूल्य योगदान के लिए याद की जानी चाहिए। आज इन आजादी के नक्षत्रों को जानते हैं, पहचानते हैं।

1. बाजी राउत

देश के सबसे कम उम्र के शहीद थे। वह एक.नाविक के बेटे थे। अंग्रेज ओडिशा के नीलकंठपुर में ब्राह्मणी नदी को पार करना चाहते थे लेकिन बाजी राउत ने उन्हें ले जाने से मना कर दिया। अंग्रेजों ने गुस्से में आकर उसे गोली मार दी। मात्र 12 साल की उम्र में देश के लिए शहीद हो गये।

2. बसंत विश्वास

जुगांतर पार्टी से जुड़े विश्वास ने दिल्ली में वायसराय परेड़ पर बम फैंका। 1915 में अम्बाला जेल में उनको फाँसी दी गई।

3. भाई बालमुकुंद

पंजाब के झेलम जिले के भाई बालमुकुंद ने लाहौर के लारेन्स गार्डन में अंग्रेजों पर हमला किया। उनको 8 मई1915 फाँसी की सजा हुई।

4. हेमु कालानी

सिंध के सुक्कुर के रहने वाले थे। देश की आजादी के लिए वह बलिदान हो गए। उनको 1943 में फाँसी दी गई।

5. हुतात्मा बाबू गेनु

22 साल की उम्र में विदेशी कपड़ों का विरोध करते हुए शहीद हुए।

6. हाइपो जादोनांग

मणिपुर के नागा फ्रीडम फाइटर हाइपो जादोनांग को 1931 में अंग्रेजों ने फाँसी

पर चढ़ा दिया।

7. कनकलता बरूआ

असम की कनकलता बरूआ देश की वीरांगना थी। 1942 में ब्रिटिश सरकार के विरोध में एक जुलूस का नेतृत्व कर रही थी।उनके हाथ में देश का झंडा था और जुबा पर देश की आजादी के नारे थे। अंग्रेजों की गोली की शिकार हुई।

8. कान्नेगंती हनुमथु

आंध्र प्रदेश में गुंटूर के पलनाकु ब्रिटिश सरकार के खिलाफ कर अदा नहीं करने का आंदोलन छेड़ा। अंग्रेजों ने उन्हें गोली मार दी।

9. करतार सिंह सराभा

ये गदर पार्टी के सक्रिय सदस्य और कार्यकर्ता थे। लाहौर षड्यंत्र के नेता की हैसियत से गिरफ्तार किए गये। 16नवंबर 1915 को फाँसी दी गई।

10. कुशल कोंवार

गोवाहाटी के कुशल 9 अक्टूबर 1942 को ब्रिटिश सैनिक गाड़ी को पटरी से उतारने के संदेह में गिरफ्तार किए गये। 16 जून 1943 ई. को उन्हें फाँसी दी थी।

11. मनिराम दीवान

असम के मनिराम दीवान 1857 ई.में अंग्रेजों के खिलाफ लड़े। उन्हें जोराहट जेल में फाँसी दी गई।

12. मास्टर शिरिष कुमार

महाराष्ट्र के नंदुरबार के रहने वाले थे। 15 साल की उम्र में भारत छोड़ो आंदोलन के दौरान शहीद हुए।

13. मांतगिनी हाजरा

पश्चिम बंगाल के मिदनापुर के मांतगिनी भारत छोड़ आंदोलन के दौरान अंग्रेजों की गोलियों के शिकार हुए।

14. सागरमल गोपा

राजस्थान के जैसलमेर में इनका स्मारक है। आजादी की लड़ाई में जेल गए। जेल में इन्हें इतनी यातनाएं दी गई कि इनकी जान चली गयी। यह देश के लिए शहीद हुए।

15. सांगोली रायन्ना

कर्नाटक के बेलगाम क्षेत्र में अंग्रेजों से आजादी की लड़ाई में शहीद हुए। उन को अंग्रेजों ने बरगद के पेड़ से लटका कर फाँसी दी थी। वह बरगद का पेड़ आज भी इस अमर शहीद की याद दिलाता है।

16. टंट्या भील

मध्यप्रदेश के नीमाड़ इलाके के टंट्या भील को भारत का रोबिन हुड़ कहा जाता है। अंग्रेजों से आजादी की लड़ाई में उन्हें 1890.ई.में फाँसी की सजा मिली।

17. वीर नारायण सिंह

छत्तीसगढ़ के वीर नारायण सिंह ने अपने प्राणों का बलिदान दिया। 10 दिसंबर 1857ई को उन्हें तोप के गोले से उड़ा दिया था।

18. विष्णु गणेश पिंगले

23 मार्च 1915 ई. विस्फोटक बमों के साथ गिरफ्तार कर लिया गया और 17 नवंबर 1915 को फाँसी दी गई।

19. जगन्नाथ शिंदे

शोलापुर थाने पर हुऐ हमले का अभियोग लगा कर बंदी बनाया गया और 12 जनवरी1931 ई. को फाँसी दी गई।

20. हरिकिशन

23 दिसंबर 1930 ई. को पंजाब के गवर्नर पर गोली चलाने के आरोप में गिरफ्तार किया और 9 जून 1931 ई. को फाँसी दी गई।

21. सूर्यसेन

18 अप्रैल 1930 ई. में चटगाँव स्थित ब्रिटिश शस्त्रागार पर आक्रमण में भाग लेने के कारण गिरफ्तार किया गया ओर 11जनवरी 1934 ई.को फाँसी दी गई।

22. असित भट्टाचार्य

13 मार्च 1933 ई. को हबीबगंज में हुई डकैती तथा हत्या के अन्य मामलों में 2 जुलाई 1934 ई. को सिलवट में फाँसी दी गई थी।

24. अनन्त कान्हारे

नासिक के जैक्सन हत्याकांड के प्रमुख अभियुक्त होने के कारण बंदी बनाए गए और 19 अप्रैल 1910 ई.फाँसी दी गई।

25. मास्टर अमीरचंद

दिल्ली के षड्यंत्र के प्रमुख क्रांतिकारी 1911 ई. वायसराय लार्ड हार्डिंग की हत्या करने के आरोप में बंदी बनाए गए। 8 मई 1915 ई. को चार साथियों के साथ फाँसी दी गई।

ऐसे ना जाने कितने नक्षत्र और ध्रुव तारे आजादी की जंग के आसमान पर चमक रहे हैं। इन सब की जानकारी और शहादत को शत शत नमन। आज देश के हर नागरिक का यह कर्तव्य है कि वो भारत की आन, बान और शान को अक्षुण्ण रखे।

बाहरी ओर भीतरी घातों से एकजुट हो कर रक्षा करें। भारत के सभी अमर शहीदों को कोटिशः प्रणाम।

सोनी गौतम
पुणे, महाराष्ट्र

देशप्रेम

संस्कृति पहचान जिसकी, यश रहा ओजस भरा,

कर्मवीरों की विरासत है हमारी ये धरा,

इक दिशा में गंगासागर, दूसरे हिमगिरि खड़ा,

शुद्ध है माटी यहाँ की, पवन है पावन बड़ा।

कल यहाँ आया था दुश्मन, डालकर डेरा अड़ा,

फैलकर छल से कपट से, हो गया था जो बड़ा,

टिक नहीं पाया परन्तु, छोड़कर जाना पड़ा,

एकजुट होकर लड़े सब, ले लिया वापस धरा।

भगत की क्रांति यहाँ थी, बोस का नेतृत्व था,

तिलक का स्वराज हठ था, सत्य गाँधी का खरा,

शिवाजी का गढ़ यहाँ था, मनु की तलवार थी,

प्रताप का भाला भयंकर, खलों पे भारी पड़ा।

आज भी हममें है बाकी, पूर्वजों की परम्परा,

है सदा शत्रु हमारी युद्धनीति से डरा,

भूमि के रक्षण की खातिर, ढाल जो बनना पड़ा

एक एक सैनिक यहाँ पे पर्वतों सा है खड़ा।

बमों और मिसाईलों से भी बड़ा है हौसला,

आँख जो डाली वतन पे, देंगे मिट्टी में मिला,

शौर्य दिखलाएंगे रण में, जोश है अतिशय भरा,

छीनने देंगे नहीं अपना चमन, अपनी धरा।

नरहरि सिंह चौहान 'राज'
गाजियाबाद

ऐ मेरे प्यारे वतन

ऐ मेरे प्यारे वतन, ऐ मेरे प्यारे वतन।
तू जान से भी प्यारा, तुझे मेरा नमन।

अनेकता में एकता है, हमारा सच्चा राष्ट्र धर्म।
देश के विकास के लिए, मिल के करते हैं कर्म।
देश की उन्नति के लिए, हम सबको समझना है,
आपसी प्रेम, शांति व सद्भाव का अनुपम मर्म।

हिन्दुस्तान की मिट्टी को मेरा नमन।
ऐ मेरे प्यारे वतन, ऐ मेरे प्यारे वतन।

तेरे कारण ही है जिंदगी, ये खुशियाँ, ये चमन।
आजादी में होता यहाँ, सांसों का आवागमन।
कुछ भी बोलने की स्वतंत्रता, हमको है देश में,
तिरंगे की शान के लिए, ओढ़ लेते हम कफन।

तेरे लिए ही ये धड़कन, मेरा जीवन।
ऐ मेरे प्यारे वतन, ऐ मेरे प्यारे वतन।

परम पूज्य धरा, ये मातृभूमि, ये जननी है हमारी।
विभिन्नताओं का संगम लिए, पावन भूमि हमारी।
कश्मीर से कन्याकुमारी तक, तिरंगा है पहचान,
वीरों की शहादत से जीवित है ये संस्कृति हमारी।

प्राणोत्सर्ग का 'राज', देते हम वचन।
ऐ मेरे प्यारे वतन, ऐ मेरे प्यारे वतन।

प्रीति शर्मा 'असीम'
नालागढ़ हिमाचल प्रदेश

विभू! आई लव यू

पुलवामा में हुए आतंकी हमले के समाचार टेलीविजन के हर हर चैनल पर आ रहे थे। कब भी किसी सैनिक के शहीद होने का समाचार समाचारों के बीच दिखाया जाता तो डर की सिहरन जैसे पूरे ढ़ौंडियाल परिवार के हर सदस्य के शरीर में दौड़ जाती।

इकलौता बेटा था जो सेना में मेजर था और पुलवामा के इस आतंकी हमले में वहाँ था। माँ– पिता और पत्नी की दृष्टि आने वाली खबरों पर टिकी थी। किसी काम में मन नहीं लग रहा था। आखिर वो हृदयविदारक समाचार टेलीविजन पर समाचारवाचक ने जैसे ही ही सुनाया कि मेजर विभूति शंकरपुलवामा में शहीद हुए.........सुनते ही जैसे पूरे परिवार पर बिजली टूट पड़ी। किसी के मुँह से कोई शब्द नहीं निकल पा रहा था। बदहवास से टेलीविजन के समाचार को झुठलाने की जैसे कोशिश कर रहे थे

अन्ततः वह घड़ी भी आई जिसे अपने जीते जी कोई माता–पिता देखना नहीं चाहेगा। तीन बहनों का इकलौता भाई, जिसका दस माह पूर्व विवाह हुआ था, तिरंगे में लिपट कर घर आया। जैसे कह रहा हो.......... मैंने देश के लिए अपना कर्तव्य निभाने में कोई कमी नहीं की।

घर पर आने वाले लोगों की भीड़ बढ़ती जा रही थी। माँ का अलग बुरा हाल था, अंतिम यात्रा के समय अपनी भावनाओं को संयत करते हुए मेजर विभूति ढ़ौंडियाल की पत्नी पैरों की ओर चूम कर सैल्यूट करते हुए.............. विभू! आई लव यू कहती जा रही रही थी। अंतिम यात्रा के लिए हरिद्वार ले जाते समय लोगों का इतना हुजूम था, लग रहा था जैसे पूरा देहरादून मेजर विभूति को अपनी श्रद्धांजलि देने सड़कों पर उमड़ आया हो। मेजर विभूति अमर रहें, तुम्हारा बलिदान नहीं भूलेंगे हम, नारों से सड़कें गूँज रही थी। देहरादून में ऐसा जन सैलाब न पहले कभी उमड़ा था न शायद आगे कभी उमड़े.......... पर अपनी शहादत से जो देशभक्ति और देशप्रेम की भावना जन मानस के अंदर जगाई वह अमिट और प्रेरित करने वाली थी।

अपने वीर लाल की शहादत को देख ईश्वर भी शायद अपने अश्रु नहीं रोक पाए थे। बादलों से बरसते पानी से वो भी अपनी श्रद्धांजलि देने चले आए थे।

डा० भारती वर्मा बौड़ाई,
देहरादून

देश प्रेम का रंग............. बसंती

तू बसंती आज भी उनके प्यार की कहानी बोलती है।
आजादी के दीवानों की हवाओं में दीवानगी घोलती है।

तू बसंती आज भी उनके प्यार की कहानी बोलती है।
जब तेरे रंग में रंग के हर एक बोला था,
रंग के बसंती चोला हर दीवाना देश का बोला था।

धरती को बसंती कर देश की मिट्टी–मिट्टी बोली थी।
उनके प्यार की कहानी......................बसंती।
स्वतंत्रता संग्राम में खोली थी।

तू बसंती, आज भी उनके प्यार की कहानी बोलती है।
आजादी से दीवानों की हवाओं में दीवानगी घोलती है।

अपने देश पर मिटने की भारत रीत निभाता है।
आज भी देश का, बच्चा–बच्चा अपने देश के रंग में गाता है।
तू बसंती ....आज भी,
उनके प्यार की कहानी बोलती है।

आजादी के दीवानों की हवाओं में दीवानगी घोलती है।
वीर जवानों का सरहद पे पहरा बोलता है।
देश की खातिर रंग बसंती आज भी देश में बोलता है।

सीमा सिंह
मुरादाबाद

सर्वोच्च बलिदान

बालकनी में बैठी शिखा अनंत आकाश को अपलक देख रही थी। अतीत की यादों में वह इतना खो गयी कि उसकी आखों से अविरल अश्रुधारा बहने लगी। तभी फोन की घंटी बजी, 'मैडम आप कल ठीक 8 बजे तैयार रहें। गाड़ी आपको लेने आ जाएगी।' 'ठीक है', शिखा ने गहरी सांस लेते हुए कहा और फोन का रिसीवर रख दिया।

शिखा को लगा जैसे कल की ही बात हो, शेखर उससे कह रहा कि अपना और समीर का ख्याल रखना, मैं जल्द ही वापिस आऊंगा। शेखर वापिस नहीं आया, आया तो बस तिरंगे में लिपटा उसका पार्थिव शरीर। शिखा के कानों में आज भी ये शब्द गूंजते हैं, 'राजपूताना राइफल्स के हवलदार शेखर सिंह को मरणोपरांत अशोक चक्र से सम्मानित किया जाता है। इन्होंने कारगिल में तोलोलिंग की चोटियों पर अपने दल के साथ दुश्मन देश के सैनिकों को मौत के घाट उतार कर अपना सर्वोच्च बलिदान दिया और विजय हासिल की।'

आज फिर 20 वर्षों के पश्चात इतिहास स्वयं को दोहरा रहा है। आज उसके बेटे लेफ्टिनेंट समीर सिंह को मरणोपरांत शौर्य चक्र से सम्मानित किया जाना है। शिखा तैयार होकर शेखर और समीर की फोटो के पास जाकर फूट–फूटकर रोने लगी। दोनों की यूनिफार्म को उसने चूमा। स्वयं को संयत करते हुए गेट खोलकर लॉन में आ गयी। तभी गाड़ी आकर रुकती है और शिखा को लेकर राष्ट्रपति भवन की ओर चल पड़ती है। एक–एक कर सभी लोग आते हैं और अपने स्थान पर बैठ जाते हैं। कुछ देर के पश्चात मंच का संचालन आरम्भ होता है। 'शौर्य चक्र से सम्मानित किया जाता है लेफ्टिनेंट समीर सिंह को जिन्होंने जम्मू–कश्मीर के कुपवाड़ा जिले में अपने शौर्य और पराक्रम से तीन आतंकवादियों को मौत के घाट उतार दिया और वीरगति को प्राप्त हुए। लेफ्टिनेंट समीर सिंह अशोक चक्र–सम्मानित हवलदार शेखर सिंह के पुत्र थे।' राष्ट्रपति जब शिखा को सम्मानित करते हैं तो उपस्थित सभी की आँखें नम हो जाती हैं। धन्य है शिखा जैसी पत्नी, माँ जिसके बलिदान का वर्णन शब्दों की परिधि से परे है। सम्पूर्ण देश नतमस्तक है ऐसी वीरांगनाओं के समक्ष।
किसी ने कहा है–
'जिन्दगी में बड़ी शिद्दत से निभाओ अपना किरदार कि पर्दा गिरने के बाद भी तालियां बजती रहें।'

भावना गौड़ 'समीक्षा'
दिल्ली

देशवासी अपने अधिकारों के साथ–साथ कर्तव्य भी समझें

'देश को आजाद हुए सत्तर सालों से भी ज्यादा बीत चुके, लेकिन आजादी से अभी भी हम कोसों दूर हैं।' आपने अक्सर लोगों को यह कहते हुए सुना होगा। इस कथन की सत्यता परखने के लिए सर्वप्रथम तो हमें यह समझना होगा कि सही अर्थों में आजादी के मायने क्या हैं?

जिस वक्त हमारा देश, विदेशी शासकों की गिरफ्त में था, तब हमें सजा पाने के लिए अपराधी होने की कोई जरूरत नहीं थी, हमारा भारतीय होना ही हमारा सबसे बड़ा अपराध बन जाता था। समान योग्यता के बावजूद भारतीयों को अंग्रेजों से कम आँका जाता था, उन्हें अपमानित किया जाता था। गाँधीजी वाला प्रकरण याद करें कि किस तरह से सिर्फ भारतीय होने के नाते उन्हें योग्य होते हुए भी ट्रेन से जबरदस्ती उतार दिया गया था। ऐसी ही घटनाओं से मुक्ति पाने के लिए, अपने देश में स्वाभिमान के साथ रहने के लिए देशभक्तों ने आजादी की अलख जगाई थी और न जाने कितने अमर शहीदों के बलिदान के फलस्वरूप आजादी का वह सुख पाया था, जब कानूनी तौर पर वे अंग्रेजी शासन से मुक्त हो गए थे।

उस समय आजादी का अर्थ था, 'अपने देश में बिना किसी पक्षपात के सभी नागरिकों को समान अधिकार मिलना।'

आज देश भारतीयों के ही हाथ में है, हमें अनेक कानूनी अधिकार भी प्राप्त हैं, लेकिन फिर भी हम आजाद नहीं हैं, क्योंकि अब आजादी के मायने बदल गये हैं।

आज हम भारतीयों को कानूनी तौर पर प्राप्त मौलिक अधिकारों के अंतर्गत शिक्षा का अधिकार (राइट टू एजुकेशन), समानता का अधिकार (राइट टू इक्विलिटी), सूचना का अधिकार (राइट टू इन्फॉर्मेशन), शोषण के विरुद्ध अधिकार, स्वेच्छा से कोई भी धर्म अपनाने का अधिकार, अपने मौलिक अधिकारों का हनन होते देखकर न्याय मांगने का अधिकार जैसे अनेक अधिकार मिले हैं, जो

हमें आजादी के साथ जीने का हक देते हैं।

इसके साथ ही हमें स्वतंत्रता का अधिकार (राइट टू फ्रीडम, आर्टिकल 19(1) भी मिला हुआ है, जिसके अनुसार हम अपने विचार (बोलकर, लिखकर या किसी भी अन्य रूप में) व्यक्त करने के लिए स्वतंत्र हैं, लेकिन इन सबके बावजूद देश में असंतुष्टि व्याप्त है। कारण यह है कि हम सिर्फ अपने अधिकारों की बात करते हैं, कर्तव्यों की नहीं, जबकि हमारे देश के संविधान में अधिकारों के साथ साथ कर्तव्यों का भी उल्लेख है।

सबसे पहले तो हमारा कर्तव्य है अपनी राष्ट्रीय संपत्ति की सुरक्षा करना, हिंसा से दूर रहकर सार्वजनिक संपत्ति को नुकसान न पहुँचाना, देश की एकता और अखंडता की रक्षा करना, लेकिन खुलेआम इसका उल्लंघन किया जाता है। मामूली विवाद ही बढ़कर हिंसा का रूप ले लेता है, जिससे लोग खून खराबा और राष्ट्रीय सम्पत्ति को नष्ट करने लगते हैं।

हमारा यह भी कर्तव्य है कि हम अपने देश की संस्कृति में निहित आदर्शों को समझें और साथ ही साथ स्त्रियों के सम्मान के विरुद्ध प्रथाओं में भी संशोधन करें। इसके बावजूद देश में स्त्रियों के शोषण की घटनाएं आम हैं। हमारा कर्तव्य है कि वैज्ञानिक दृष्टिकोण रखते हुए राष्ट्रनिर्माण में एक जिम्मेदार नागरिक की भूमिका निभाएं। पर्यावरण की सुरक्षा में सहयोग करें। बच्चों को शिक्षा का अधिकार दें, लेकिन आज हर कोई कर्तव्यों की परवाह किए बिना सिर्फ अधिकार पा लेना चाहता है। यदि हम भेदभाव छोड़कर देश की एकता और अखंडता की रक्षा करें, उच्च आदर्शों का सम्मान करें, व्यक्तिगत एवं सामूहिक गतिविधियों के सभी क्षेत्रों में उत्कर्ष की ओर बढने का सतत प्रयास करें, तो वह दिन दूर नहीं जब हमारा देश उपलब्धियों की नयी ऊचाइयों तक पहुंचेगा और हम सच्चे अर्थों में आजाद भारत के आजाद नागरिक बन पाएंगे।

महेन्द्र कुमार मध्देशिया
उत्तर प्रदेश

खुदा गंजे को नाखून न दें

मस्तिष्क है आज जिनका उथला – पुथला
वही मानवता को काँटों पर घसीटने निकला।
कर्ज तले दबाना एक की खानदानी ख्वाहिश
बंदर घुड़की देना दूजे की है नुमाईश।
उसको क्या कहें जो व्यर्थ आडंबर लिए बैठा है
घर में न जलाया दीप कभी राम को अपना कहता है।

पीछे से वार कराना है फितरत पाक का
वो औरों का क्या होगा जो हुआ न बाप का।
उसी का एक साथी जिसे वो अपना बड़ा भाई बना बैठा है
आघात किया सीने पर उसके घर में घात लगा बैठा है।
इसलिए आज हम आवाम से कह दें
खुदा गंजे को नाखून न दें।

रोटी – बेटी का रिस्ता आज बाजार में आ गया है
नेता नेता न रहा वह भँग खा गया है।
नकेल अपने हाथ में लेना यही तो चीनी कायदा
पाँव पसारता है वो देखकर अपनी फायदा।
एक बार फिर दिया हमनें उसे नहले पर दहला मार
अब भुजा उठाने से पहले सोचेगा सौ बार।

नीलू चोपड़ा
मानेसर

आ अब लौट चलें

मोहित को जैसे ही विदेश में नॉकरी मिलने की सूचना मिली वह खुशी से झूम उठा। इस नॉकरी के इंटरव्यू के लिए उसने जी तोड़ मेहनत की थी। आज सफलता उसके कदम चूम रही थी। मोहित ने यह खुशखबरी अपने माता पिता को सुनाई, मोहित के चेहरे पर असीम प्रसन्नता देख वो दोनों हर्ष विभोर हो गए परन्तु इसके विपरीत, मोहित का उन्हें इस उम्र में अकेले छोड़ विदेशजाना बहुत दुखदायी था। मोहित की खुशी के लिए अपना दर्द को छिपा गए।

दीनानाथ जी रेलवे में क्लर्क थे। अभाव ग्रस्त जीवन बिताकर, बेटे को उच्च शिक्षा दिलवाई। दीनानाथ जी की जमा पूंजी, मोहित की शिक्षा में लगा चुके थे। बस पेन्शन ही सहारा थी। मोहित की नॉकरी लगने पर हालात सुधरने की उम्मीद थी पर दिल्ली अभी दूर थी। विदेश की धरती पर कदम रखते ही वह भविष्य के सुनहर सपनों में खो गया।

नए ऑफिस में वह पूरी लगन और मेहनत से काम में जुट गया। परन्तु वह जल्दी ही समझ गया कि यहां उसकी मेहनत और कार्य की प्रति समर्पण व्यर्थ हो रहा था। उसके बेहतरीन कार्य को भी अनदेखा किया जाता उसने अपने सह कर्मियों की ओर दोस्ती का हाथ बढ़ाया पर बदले में उपेक्षा ही मिली।

मोहित को यहाँ आकर यह महसूस होंने लगा कि उसकी उच्च शिक्षा केवल धन और ऐश्वर्य ही जूटा सकती है। परदेशियों के प्रति उपेक्षा का भाव प्रबल था। आपसी प्रेम सौहार्द, दोस्ती, भाईचारा बड़ो का आदर यह सब केवल भारतीय संस्कृति की देन है विदेश में तो बस स्वयं को श्रेष्ठ समझना परायापन, भाषा, धर्म रंग भेद बाहुल्य है। मोहित का मोह भंग हो गया। उसने सोचा अपनी योग्यता को अपने देश को अर्पित न करके चांदी के चंद टुकड़ो के लिए वह अपना देश और माता पिता को ही छोड़ आया। उसके मन से आवाज आ अब लौट चलें, नयन बिछाये बाहे पसारे तुझको पुकारे देश तेरा।

मनोजवम
नई दिल्ली

देश प्रेम

कहते हैं ....!
सर झुके बस उनकी शहादत में।
जो शहीद हुए हमारी हिफाजत में।।

मां सोचती है बेटा आज भूखा न रहे।
पिता सोचता है कि बेटा कल भूखा न रहे।।

बस यही दो संबंध ऐसे हैं संसार में।
जिन का दर्जा परमात्मा से सीधा है संसार में।।

आओ सब मिलकर दें श्रद्धांजलि करें नमन।
वीर सपूतों के लिए बनाएं एक नया कानून।।

हमारे हिफाजत में जो जवान शहीद हुए।
आंखें नम कर उन्हें श्रद्धांजलि करते हुए।।

एक प्रण लें सिर्फ 'एक रुपैया' की प्रण लें।
संपूर्ण भारतीय खाताधारकों 'एक रुपैया' दें।।

ऐसा कानून बने स्वतः खाता से कटे।
प्रत्येक खाताधारकों से एक रूपैया कटे।।

इस तरह उनको श्रद्धांजलि अर्पित करें।
उनके परिवारों को यह समर्पित करें।।

जाने वाले चले गए लिखकर अपनी कहानी।
परवरिश हो उनके परिवार व उनके निशानी।।

जो कल का इतिहास रच सके।
हमारे देश को हिफाजत कर सके।।

यही सच्चा देश प्रेम राष्ट्र प्रेम देशभक्त हो।।
सबका मत विचारणीय हो कानून सशक्त हो।।

मुकेश तिरुपडे

देश हमारा सबसे प्यारा

देश हमारा सबसे प्यारा
अपना हिंदुस्तान।
भांति भांति के लोग यहाँ
अलग अलग भाषाएं
अलग अलग परिवेशों से
मुखरित हैं सभी दिशाएं
तरह तरह के पर्व और
त्योहार मनाए जाते
श्रद्धा से हम भारत माँ
के दर पर शीश झुकाते

अपनी धरा गगन का हम
नित करते हैं सम्मान।
देश हमारा सबसे प्यारा
अपना हिंदुस्तान।
खड़ा हिमालय उत्तर में
है भारत के रखवारे
दछिण हिंद महासागर
नित इसके चरण पखारे
उर्वर धरती पर फसलों की
हरियाली लहराती
पर्वों त्यौहारों की खुशियाँ
सबके मन को भाती

कभी न झुकने देंगे हम सब
मिलकर इसकी शान।
देश हमारा सबसे प्यारा
अपना हिंदुस्तान।

विभावरी सिन्हा
नोएडा उ.प्र

वीरों का मौसम बन जाऊँ

जी चाहता है...........
मैं सावन बन जाऊँ
भादो बन जाऊँ
वीरों का मौसम बन जाऊँ
वतन के पहरेदारों को
समर्पित जीवन बन जाऊँ

बासंती धूप बन जाऊँ
फागुनी रात बन जाऊँ
वीरों को नमन करती
किरण का प्रात बन जाऊँ
सरहद की बर्फीली ठंड में
हौसले की आग बन जाऊँ
केसरिया राग बन जाऊँ
वीरों का वसंत बन जाऊँ

शहीदों को थपकी देती
मंद–मंद पवन बन जाऊँ
उनको जो हों अर्पण ऐसे
फूलों का मौसम बन जाऊँ
उनके लहू से निकली वो
चिंगारी प्रचंड बन जाऊँ

सरहद की तपती धूप में
शरद की चांदनी बन जाऊँ
शीतल रागिनी बन जाऊँ
वीरों की शौर्य गाथाओं का
बरसता नव घन बन जाऊँ

धागों की रीत बन जाऊँ
भादो की प्रीत बन जाऊँ
वीरों का सावन बन जाऊँ
जी चाहता है .....
वीरों के बलिदानों पर
प्रकृति का अभिनंदन बन जाऊँ
वतन के पहरेदारों को
समर्पित जीवन बन जाऊँ..........

सवि शर्मा
देहरादून

बन विश्व गुरु पताका भारत का सदियों का फेहरेगा

वक्त के आसमान पर फिर नया सूरज निकलेगा।
रंगु में जोश बसंती विजयी रथ नभ में चमकेगा।।

हो अमन चैन का आलम, नहीं भेद की कुरबत हो।
रख प्रेम का मरहम, हर जख्म मुसकरा सी देगा।।

सरफरोशी की तमन्ना सजाए मौत को हम निकले।
कफन दुश्मन हिमाकत को, नजर नेस्तानाबूद कर देगा।।

खड़ा सरहद पर चीन लिए साथ पाकिस्तान नेपाल।
सीना फौलादी हमारा उन्हें चींटी सा मसल रख देगा।।

उगे जो भेदभाव के जंगल तड़प सीने में उठती है।
जलाकर नफरत आँधी की रौशने चमन फिर देगा।।

भ्रम में हम रहते कभी नहीं शांति के पुजारी हैं।
अगर छेड़ा हमें फिर हर बच्चे से अफजल निकलेगा।।

रहना हदों में तू अपनी दुश्मन खबरदार हो जाए।
अमन के फरिश्तों संग नया इंकलाब लिख देगा।।

कोई माँ का लाल झण्डे में लिपट वापस ना आएं अब।
वरना घुस दुश्मन के घर में ही ईंट से ईंट बजा देगा।।

बना कर ईमान ओ जाँ फना हो जाएँगे देश पर हम।
बन विश्व गुरु पताका भारत का सदियों का फेहरेगा।।

डॉ. अनिता राठौर मंजरी
आगरा(उ. प्र)

जय हिंद

'कैसी माँ है तू ? तेरे हृदय में ममता का सागर नहीं कठोरता की शिला है........ लॉक डाउन में हर माँ –बाप ने अपने बच्चों को अपने पास बुला लिया है और एक तू है मदर इंडिया जो बड़े खुश होकर अपने डॉक्टर बेटे को बोल रही है 'मरीजों की सेवा जी जान से करना' सुमन, अगर उसे कोरोना हो गया तो? मैं तो यह सोचकर ही घबरा रही हूँ और तू तो उसकी माँ है' सुमन की सहेली रत्ना ने उसे व्हाट्सएप्प मैसेज किया।

'रत्ना, मैंनें अपने बेटे को सिर्फ पैसा कमाने के लिये डॉक्टर नहीं बनाया है बल्कि मुश्किल समय में मरीजों की जान बचाने और देशहित के लिये डॉक्टर बनाया है और हाँ, मेरा बड़ा बेटा पुलिस में है लॉक डाउन में हॉट स्पॉट क्षेत्र में उसकी डयूटी है उसको भी पूरे समर्पण भाव से डयूटी करने के लिये बोला है। भगवान ना करे मेरे बेटों को कुछ हो गया तो मैं तो मैं खुद को कोसने की बजाय अपनी कोख को धन्य समझूँगी कि मैंनें उन्हें जन्म दिया। सुमन ने मैसेज टाइप किया और बहुत ही गर्व के साथ जय हिंद लिखकर तिरंगे के साथ रत्ना को व्हाट्सएप्प कर दिया।

डॉ अनुराग पांडेय
कानपुर

देश प्रेम

देशप्रेम मात्र शब्द नहीं,
जिसको वाक्यों में सजाया जाय।
ये तो भाव है उस उर का,
जिस हृदय में हो वही समझ पाए।

हर कृत्य एवं विचार देशप्रेम है,
जिसमें देश का कल्याण निहित हो।
सतत करते हैं देश भक्त,
आवश्यक नहीं जग को विदित हो।

इस प्रेम का प्रेमी बनने को,
जरुरी नहीं हम सेना में जायें।
हम समाज में रह कर के ही,
देश के प्रति अपना धर्म निभाएं।

आपस में प्रेम, मानवता का निर्वहन,
मात्र गुण नहीं देश प्रेम के रूप हैं।
सदभावना अखण्डता की संकल्पना,
राष्ट्र के प्रति अनुराग के स्वरूप हैं।

रघुवीर का अवध से नेह,
देश प्रेम की पराकाष्ठा है।
देश प्रेम ही निर्धारित करता है,
'अनुराग' देश के प्रति क्या आस्था है?

अलका 'अलमिका'
पुष्प विहार, उत्तर प्रदेश

झण्डा प्यारा, हमारा

झण्डा हमारा, तिरंगा न्यारा देश की शान है।
हर भारतवासी को जान से प्यारी इसकी आन है।
धवल, उज्ज्वल, पावन श्वेत रंग शांति प्रतीक है।
केसरिया शौर्य, साहस भरता हरदिल अजीज है।
हरा प्रकृति, पर्यावरण रक्षा का देता संदेश है।
नीला भर भाव उत्तम मन में नभ सम असीम है।
चक्र दिखाता वतन निरन्तर विकासशील है।
चौबीस तीलियाँ बनाती हर दिन को गतिशील है।
समवेत देखो इसे तो ये भारत की पहचान है।
हिंद के जांबाजो की गरिमा का गुणगान है।
झण्डा हमारा, तिरंगा प्यारा, हम सब की जान है।

अमित अनुपम
खगड़िया, बिहार

हम सब आजादी की कीमत क्या जाने

हम सब आजादी की कीमत क्या जाने।
आजादी पुरखों की नेमत क्या जाने।।

हमसब को तो मिल गए हैं खैरातों में।
कुरबानों की टूटी हसरत क्या जाने।।

कितनी मुश्किल होती होगी सरहद पर।
अनुशासन में सैनिक गफलत क्या जाने।।

हम हिंदुस्तानी प्यार सदा फैलाते।
पाकिस्तानी लालच नफरत क्या जाने।।

देश हमारा जां से ज्यादा प्यारा है।
चीनी करते ओछी हरकत क्या जाने।।

देश चलाना सत्ता का खेल नहीं है।
नेता करते कुर्सी कसरत क्या जाने।।

अपना देश सदा अपना ही होता है।
जो द्रोही से होते सहमत क्या जाने।।

हिन्दू मुस्लिम सिख ईसाई सब भाई।
है ऊपर वाले की रहमत क्या जाने।।

गोरे काले का भेद नहीं है अब तो।
हम करते हैं सबकी खिदमत क्या जाने।।

के संगीता
वडोडरा

झाँकी हिन्दुस्तान की

आत्मसम्मान की परिभाषा मन समझने लगता है
आत्मनिर्भर होना कितना आसान लगने लगता है

खुद की मिट्टी, खुद की मेहनत, खुद की हो फसल
अपने सपनो को किसान खुद ही सींचने लगता है

तेज धूप हो या ठण्ड ठिठुरती वो नहीं डरता कभी
मिले सही मजदूरी तो कल्पनाशील गढने लगता है

शिक्षा का हो आधार, सभी हों शिक्षित देश में अगर
तोड़कर पिंजरा पंछी नील गगन में उड़ने लगता है

देगी आयाम नया अपने हुनर को हर एक गृहिणी
उसकी मेहनत से धीरे धीरे घर उन्नत होने लगता है

कोई बोझ बने ना किसी पर सब अपना काम करे
कर्मशील वो समाज इतिहास नया लिखने लगता है

आत्मशक्ति और आत्मविश्वास को लेकर आगे बढ़े
देख सफलता विश्व एक दिन साथ चलने लगता है

वन्दना रानी दयाल
गाजियावाद, उ. प्र

एक श्रद्धांजलिः रणवीरों के नाम

शोणित से लथपथ मस्तक था
फिर भी धूल उनको चटा दिया,
दुश्मन की खंडित भग्न देह से
सरहद को है पटा दिया।

वन्दे मातरम, वंदे मातरम
चहुं ओर गुंजारित जयघोष किया
मातृभूमि को इज्जत बख्शी
विजय नाद का उद्घोष किया।

वसुंधरा का रखवाला वो
भारतभूमि का नायक है,
गौरव गाथा उसकी घर घर में
वीरता की परिचायक है।

क्या वायु सेना, क्या थल सेना
सर्वत्र है उसका जयकारा,
मजहब धर्म, हर कौम से ऊपर
बस बहे देशभक्ति की धारा।

उस बसंती चोले पर हम
कर दें अपना दिल कुर्बान,
देश की खातिर जिएं मरें हम
जिंदा रखें अपना अभिमान।

एकता कोचर रेलन
सोनीपत

युवा भारत के

नफरत की भाषा को अब हम भुला देंगे
हम युवा है भारत के गुलशन महका देंगे।

मिट्टी से हमने सीखा सब को गले लगाना
रग–रग में बसा है काम सबके आना।

खून में हमारे वफा ही आती है
प्यारी ये भाषा उत्साह जगाती है।

मेरे भारत के रत्नों तुम भारत की जान हो
तुम हिंद का गौरव हो, हिंद का मान हो।

तुम्हारे बुलन्द इरादे, देश मजबूत बनाएंगे
बस हौसला रखना, तुम जहां की धड़कन हो।

देश की उन्नति की तुम तस्वीर हो
तुम में है अथाह शक्ति, तुम्हें अंधकार मिटाना है।

आज प्रण ये कर लो, कुरीतियों को जड़ से मिटाना है
समानता का भाव हर रूह में जगाना है।

जय हिंद

मधु तिवारी
छत्तीसगढ़

स्वतंत्रता

ईर्ष्या द्वेष का अंत हो,
प्रेम–भाव अनंत हो,
सभी के घर में संत हो
कहीं घुटन ना हो यहाँ
ऐसा वतन हमारा हो
अमन चैन की वीणा लिए
गीत मधुर और प्यारा हो
काँटों की भी बात कहें
खुशियों के चमन महकाये हुए,
अंबर पर चमकता तारा हो
बापू सुभाष का नारा हो
लोगों में उत्सव प्रियता हो
तन–मन में बसती गीता हो
यही चाहा था हमने
यही चाहा था सबने
पर दीनों के बापू
दुखियों के बापू तुम कहाँ गए
सत्य, अहिंसा, कर्म ले
छोड़ गए भारत को
क्या सोचा था तुमने ?
यहाँ राम–राज्य होगा
सबके पास कामकाज होगा
पर नहीं, यहाँ नफरत है,
आग है, धूर्तों का साम्राज्य है
अकाल है गरीबी है
दुराचार हिंसा की सीढ़ी है
लोग बने हैं स्वार्थ परस्त
जो गरीबों के लिए थे बने

अमीरी ओढ़े आज है तने
हर तरफ हाहाकार मचा
पिचाशों ने तांडव रचा
ऐसा देश का हाल हुआ
अब ना कोई बापू सुभाष, शास्त्री
आएंगा सपने सजोने को,
ना ही जगमगायेगा
भारत के कोने–कोने को
माँ भारती पुकारती
ऐसे ही उन वीरों को
लाल मेरे अब आँखें खोल
चुप न रह कुछ मुह से बोल
ले आज कोई प्रण यहाँ
ताकिस्वतंत्रता सिर्फ पर्व ना रहे,
स्वतंत्रता सिर्फ पर्व न रह जाए।

डॉक्टर सुनन्दा महाजन
हाथरस

भारतीय सैनिकों के शहीद होने पर

पाक के इरादे यदि होते पाक–साफ
करता न हमारे जवानों पर हाथ साफ
एक–एक बूँद का हिसाब कर पाक अब
नहीं तो छूटेगा भारत के सब्र का बाँध
मुश्किलों से पायी है हमने आजादी
अब तो न कर अपनी ज्यादा बर्बादी
चींटी की तरह मसल दिया जाएगा
अब यदि हमारी तरफ आँख उठाएगा
सहिष्णुता का मतलब नहीं कायरता
नहीं तो कायरों की तरह मिट जाएगा
मर गई है, इंसानियत अब उनके दिलों से
हालातों से समझौते कब तक करते रहेंगे
जब तक सवार है, जुनून उनके सिर पर
तब तक देश के सैनिक शहीद होते रहेंगे
हमारी सहिष्णुता की भी कोई एक सीमा हो
हर बार रक्तरंजित क्यों मेरे देश की धरती हो
कोई कोशिश मेरी और से भी होनी चाहिए
दुष्ट के साथ दुष्टता का व्यवहार होना चाहिए।

मनोरमा शर्मा
हैदराबाद

भारतीय सूरमा हारे कब

भारतीय सूरमा ये कभी विचलित होते नहीं,
विघ्नों को गले लगाने वाले धीरज खोते नहीं।
दुश्मन क्या है चीज इनके शौर्य के समक्ष–
सुनो कांटों में राह बनाने वाले घबराते नहीं।।

कहो उन्नीस सौ बासठ के बाद ये हारे कब,
सिर कटाने को तैयार हैं ये धरा पूकारे जब।
बतलाओ वो कौन है जो इनसे लेगा पंगा–
पंगा लेने वालों का सिर ये काट लेते हैं तब।।

फौलादी दिलवालों को न समझो आम इंसान,
पत्थर को पिघलाने की ताकत रखते जवान।
भारतीय सेना जिससे दुश्मन थरथर कांपे–
देश के लिए हंसकर न्योछावर कर देते जान।।

वायुसेना के लिए भारत ने किया एक प्रबंध,
राफाल पर भारत फ्रांस में हुआ एक अनुबंध।
आकाश के सीने को चीरती आ गई राफाल–
गरजती गुर्राती राफाल ने फैलाई एक सुगंध।।

राफाल जिससे सैनिक हो गए और मजबूत,
नहीं देना पड़ेगा वतन वफा का अब सबूत।
जिनके दहाड़ से कांपने लगे चीन पाकिस्तान–
दुश्मन जो डर से धूल चाट बन जाते हैं बूत।।

कवि राहुल धामा

मुक्तक देश प्रेम के

हुआ घायल बदन सारा, चली सीमाओं पर लाठी
शहीदों के लहू से लाल है गलवान की घाटी
तिरंगा ओढ़ कर फिर खुद कफन में सो गये बेटे
मगर छूने न पाया चीन हिन्दुस्तान की माटी

****

बीजिंग के बाजुओं के बल को सीमा पर ललकारेंगें
बनेंगें आत्मनिर्भर और भारत को सँवारेंगें
स्वदेशी तन, स्वदेशी मन, मेरा कण–कण स्वदेशी है
अब ड्रैगन तेरे सामान को हम ठोकर मारेंगें

****

यूँ पडोसी की भी अब दाल न गलने देंगें
भूगोल हिन्द का अब हम न बदलने देंगें
करके विश्वास चीन पे ये सबक सीखा है
आस्तीनों में कोई साँप न पलने देंगे

****

ब्रह्मपुत्र के जल को भी निचोड़ देंगें हम
कलाई चीन वाली अब मरोड़ देंगें हम
नजर उठेगी जो लद्दाख पर कभी तो फिर
खुदा कसम सभी वो आँखे फोड़ देंगें हम

****

प्रेमलता यदु
छत्तीसगढ़

चलिए.......हम सचमुच अपने देश को आजाद करते हैं

चलिए.......हम सचमुच अपने देश को आजाद करते हैं।।
केवल 'ट्विटर', 'फेसबुक' या 'व्हाट्सएप' पर नहीं,
तहेदिल से, हर नारी का सम्मान करते हैं।।
और इसकी शुरूआत हम अपने घर से करते हैं।।

चलिए.......हम सचमुच अपने देश को आजाद करते है।।
परम्पराओं का निर्वाह करते हुए,
आधुनिकता का संचार करते है।।
केवल कपड़ों का नहीं,
अपने विचारों पर भी बदलाव करते हैं।।

चलिए........ हम सचमुच अपने देश को आजाद करते हैं।।
वीर शहीद जवानों के पोस्ट पर,
केवल 'लाइक', 'शेयर' या 'कमेंट' नहीं,
उनकी कुर्बानी व्यर्थ नहीं जाएगी,
इस बात का, हम प्रण करते हैं।।

चलिए........ हम सचमुच अपने देश को आजाद करते है।।
भाईचारे पर केवल दम नहीं भरते,
ईद के दिन दीया और दिवाली पर सेवाई से
धर्म निरपेक्ष का, एक नया आगाज करते हैं।।
चलिए........ हम सचमुच अपने देश को आजाद करते है।।

डौली सिंह
लखनऊ

'वीर – मां भारती के'

मेरे वतन के योद्धा, तुम वीर हो, तुम शौर्य हो।
मां भारती का तुम ही गौरव, देश के सिरमौर हो।

मां भारती के वीर वंशज, तुमसे तिरंगे का मान है।
दिग दिगंत तक यूं ही लहरे, यह देश का सम्मान है।

अदम्य साहस के हो सृष्टा, शान हो, अभिमान हो।
मां भारती के वीर पुत्रों, तुम वीरता का प्रमाण हो।

तुमसे ही है सारा वैभव, तुमसे ही है शांति व अमन।
अपना लहू देकर है सींचा, तुमने अपना प्यारा चमन।

एक भी सैनिक कभी न, इस तिरंगे में लिपट आएं।
दुश्मनों को खत्म कर, सदा तिरंगा जीत का लहराए।

देश के हर त्योहार तुमसे, जश्न भी है और शांति भी।
बलिदान तुम्हारा देखकर, आएं युवाओं में क्रांति भी।

दुश्मन को धूल चटा देना, वो चीनी हो या पाकिस्तानी।
आंच तुम पर आ न पाए, कर रहा दुआ हर हिंदुस्तानी।

प्राचीर पर लहराता तिरंगा, प्रतिमान है उत्थान का।
देता तुम्हें एक हौसला, हर जय घोष हिंदुस्तान का।

दीपिका मावर
मंदसौर (म.प्र)

झाँकी हिन्दुस्तान की मेरे देश में तैयार थी

झाँकी हिन्दुस्तान की मेरे देश में तैयार थी,
तैयार है और तैयार हो रही है।
साल दर साल भारतीय सेना बुलंद इरादों से दुश्मन को
हराने को तैयार हो रही है।
अतीत में तुम मुझे खुन दो में तुम्हें आजादी दूँगा,
जिनका ये नारा था वह थे सुभाषचन्द्र बोस
जिन्हें नेताजी के नाम से पुकारा था।
फाँसी के वक्त भी हँसते हँसते जिन्होंनें
मेरा 'रंग दे बसंती' गीत गाया था,
भगत सिंह ने अपने आंदोलन को बड़े प्रेम से निभाया था।
अंग्रेजों को धूल चटाने की जिसने थी ठानी
तो उनको धूल चटवाकर ही मानी,
ऐसी है भारत की विरांगना जिनका नाम है झाँसी की रानी।
भारत में इनके अलावा भी कई वीर हुए है
नाम जिनके सुखदेव, शिवाजी, लालबहादुर शास्त्री
और चन्द्र शेखर आजाद है, इन्हीं के कारण देश आबाद है।
कारगिल युद्ध में भी देश के कई वीरों ने
सुरक्षा करते करते अपनी जान गवाई थी
उन्होंने भारत की रक्षा करने की कसम खाई थी।
देश में सीमा पर तैनात होकर फौजी भाई
हमारी सुरक्षा करते है इसलिए निडर होकर
हम अपने घर में रहते हैं।
कभी कभी दूसरे देश की सेना
इन पर छल से वार करती है
पुलवामा अटैक में उन्होंने हमारे
42 फौजी भाईयों को मारा था।
भारत फिर भी नहीं हारा था
बदला लिया था उन्हें ललकारा था

देश में घुसकर उन्हें मारा था।
पाकिस्तान हो या हो चीन या हो देश नेपाल
जो भी टकराएगा हमारे भारत देश से
कर देगी भारतीय सेना उनका बुरा हाल।
'जय हिन्द जय भारत जय भारत के वीर,
आप सब के बलिदानों से भारत में जीत।

सुधांशु पांडे 'निराला'
उत्तर प्रदेश

उठो देश के वीर सपूतों

आजाद, जवाहर, गांधी की,
अभय धरा घबराई है!
उठो देश के वीर सपूतों,
पुनः आपदा आई है!

विश्वासघात खूब किया गया,
मुझको विश्वास दिला करके!
लूटना चाहता मधुशाला,
साकी को सुरा पिलाकर के!
कर देना चाहिए उसे सूर,
जो राजमुकुट पर नजर रखें!
होना द्रवित नहीं चाहिए,
यदि रिपु अपना दृग सजल रखें!

अंगार उगलने वाली,
कविता मुको ने गाई है!
कविता मुको ने गाई है!
उठो देश के वीर सपूतों,
पुनः आपदा आई है!

खिलवाड़ करो पर ध्यान रहे,
ये पावक है, राख नहीं!
अगर काटना है तो काटो,
चेतन तरु का शाख नहीं!
करे बिक्षोभ वतन में जो,
दो मचा कोलाहल उसके घर पर!
भवन खुद ही ढह जाएगा,
आघात करो केवल जड़ पर!
गद्दारों के शोणित से,
कब तलवार लजाई है!

कब तलवार लजाई है!
उठो देश के वीर सपूतो,
पुनः आपदा आई है!

ऐसा हाहाकार मचा दो,
भीतर तक रिपु हिल जाए!
साहस के अवलोकन से,
चेतना हीन गुल खिल जाए!
बतला दो उन मूढ़ो को,
मुझे गर्व है माटी पर!
नीलकंठ सा करो तांडव,
हर नृशंस की छाती पर!

आओ बिना विलंब किए,
हमने कब्र खुदाई है!
हमने कब्र खुदाई है!
उठो देश के वीर सपूतो,
पुनः आपदा आई है!

क्षोभ मचाने वाले बंधु,
हम तो अमन चाहते हैं!
संरक्षक फूलों के हम,
दिल से चमन चाहते हैं!
खंडों में है बटा हिंद जो,
उसे अखंड बनाएंगे!
सब्र करो एक रोज तुम्हारे,
उर पर ध्वज लहराएंगे!

खुद ही चुनो क्या सुनना है,
ढोल इधर शहनाई है!
ढोल इधर शहनाई है!
उठो देश के वीर सपूतो,
पुनः आपदा आई है!
आजाद, जवाहर, गांधी की,
अभय धरा घबराई है!
उठो देश के वीर सपूतो,
पुनः आपदा आई है!!

अमन बिशनोई
श्री गंगानगर(राजस्थान)

मुक्त गजल 'फौजी'

माँ के खातिर माँ से दूर, माँ का जहान बैठा है,
फौजी के कंधों पर देखो, पूरा हिंदुस्तान बैठा है।

अपनों से जुदा फौजी की, कैसे करूँ दास्ताँ बयाँ,
जो सीने में यादें, चेहरे पर लिये मुस्कान बैठा है।

फौजी से बड़ा कोई, देश भक्त कहाँ इस जहाँ में,
लहू के एक–एक कतरे का, जो किये बलिदान बैठा है।

महामारी हो या दुश्मन, क्या बिगाड़ेगा कोई उसका,
वतन के खातिर अपनी हथेली पर, लिये जान बैठा है।

ऐसी किस की औकात, जो मेरे वतन को मिटा सके,
सरहद पर फौजी मेरा भाई, बनकर चट्टान बैठा है।

तुम भी कुछ सीखो अमन, एक फौजी से वतनपरस्ती,
जो वतन को समर्पित करके, अपनी पहचान बैठा है।

पुष्पा श्रीवास्तव
जयपुर (राजस्थान)

हिंद सेनानी

फैली है चारों तरफ जिसकी कहानी
दुनिया कहती इनको हिंद सेनानी।

अडिग है हिमालय जैसे ये
देखकर इन्हें काहे की हैरानी
ये हैं रखवाले हमारे देश के।
दुनिया कहती इनको हिंद सेनानी।

घात लगाकर जब–जब दुश्मन ने
किया हमसे जब भी विश्वासघात
करके तांडव टूट पड़े ये बैरी पर।
दुनिया कहती इनको हिंद सेनानी।

पीठ दिखाकर भागते हैं शत्रु
नहीं है ये बात जग में अनजानी
ऐसे हैं ये हिम्मती रखवाले हमारे।
दुनिया कहती इनको हिंद सेनानी।

मातृभूमि से सदैव प्रेम इनको
यही है इनके जीवन का आधार
करते सबके स्वप्न यही साकार।
दुनिया कहती इनको हिंद सेनानी।

सजी हैं सीमाएं लाल रंगोली से
इनके लिए प्यार सबकी बोली में
मां – बहनों व देश का है ये गौरव।
दुनिया कहती इनको हिंद सेनानी।

होता है शहीद ही सदा अमर
भले ही दुनिया है आनी – जानी
यही हैं साहसी रखवाले हमारे।
दुनिया कहती इनको हिंद सेनानी।

आनन्द सिंह शेखावत
अमरावती, महाराष्ट्र

बड़ी मुश्किल से मिली है ये आजादी हमे

बड़ी मुश्किल से मिली है ये आजादी हमे,
आओ मिलकर जश्न मनाये सब हम,
खोया है जिस माँ ने अपने लाल को,
उस देश के दीवाने को याद करे हम।

लाखों जाने गयी है तब जाके मिली है,
बड़ी मेहनत से ये आजादी की शमा जली है,
एक भगत सिंह था आजादी का दीवाना,
बाकी टोली का भी रुख यही था मस्ताना।

खुदीराम की जवानी भी अभी,
पूरे रूवाब में जो थी,
जिसने बिना सोचे ही दे दी जिन्दगी,
जो सोची न कभी ख्वाब में थी।

एक आजाद था जो था अपनी ही धुन का पक्का,
कहाँ रूकने वाला था वो देशभक्त था सच्चा,
बिस्मिल ने न सोचा था कभी हिन्दू है कोई है मुसलमां,
जो सुलग जाए अंग्रेजो पे वही था असली जमां।

बड़ी मेहनत से मिली है ये आजादी हमें,
आओ मिलकर जश्न मनाये सब हम,
कभी गांधी तो कभी नेहरू थे मोर्चे पे खड़े,
दीवाने थे वो जो आखिर सांस तक थे लड़े।

देश की शान को लड़े थे, थे सब भाई भाई,
याद है वो लाला भी जिसने लाठी से लड़ी थी लड़ाई,
मौत के एक आह्वान पर बो चले गए,

सारी जिन्दगी की आजादी हमे दे गए।

आओ सब मिलकर देते है उन्हें श्रद्धांजलि,
जिनकी एक जान ने दी है हमे जिंदगी,
करते है याद हम आज उन वीरो को,
पिता के प्यारे और माँ के अनमोल हीरों को।

अनुजा श्रीवास्तव
अहमदाबाद

नाज मेरा तू

तू छुप कर वार क्यों करता, बता दे मुझको पाकिस्ता
तुझे ललकारता है जब हमारा, सारा हिन्दुस्ता
एक लाल भारत माता का शहीद हो गया
वतन की शान के लिये कुर्बान हो गया
माँ बाप बीबी बच्चे सभी छोड़ कर गया
जो था चहकता घर कभी वीरान हो गया
वो कर्ज धरती माता का चुका के सो गया
एक लाल भारत माता का शहीद हो गया........
जोहेगी बाट किसका देहरी पर, बैठ कर अम्मा
बनाएगी किसके स्वाद का खाना बूढ़ी मां
आज लाल अपनी माँ को ही प्रसाद दे चला
आन बान और शान, धरती माँ को दे गया........
करेगी तीज करवाचौथ कैसे मेरी ये बहन
कहेगी पीर सारे दिल के किससे ये मेरी बहन
वो अपने आँसुवो से खून सारे पोछ देती है
हमे तो नाज तुम पे है, बिलख के बोल देती है........
लिए लाठी खड़े बाबूजी बड़ी जोर से बोले
हमारा लाल है, गुमान अभिमान मेरा तू
हुआ कुर्बान बेटा तू वतन पे नाज मेरा तू........
दिया जो कंधा बूढ़े बाबूजी ने लाल को अपने
फलक से भूमि सारी आँसुओं से भीग सी गई........

भारती यादव
रायपुर छत्तीसगढ़

झांकी हिंदुस्तान की

हिंदुस्तान की यह थाती है, वीरों की चौड़ी छाती है।
देश की आन पर मर मिटने को, आतुर हर भारत वासी है।।
अडिग हिमालय सिखलाता है, अविचल रहना परिस्थितियों से।
चाहे कितने भी हों रोड़े, हो जाना पार हिमशिखरों से।।
बच्चा बच्चा देश का, राष्ट्र भाव का मान रखे।
हर बहन वीर सपूतों की, देशभक्ति का गान करे।।
मां दिल के टुकड़े को, देश की खातिर कुर्बान करे।
देश की रक्षा हेतु, हर सुहागन तैयार अपनी मांग रखे।।
हर जाति, धर्म और प्रांत में, झांकी हिंदुस्तान की दिखे।
हर भारत वासी जान से प्यारे तिरंगे का मान रखे।।
रगों में सबके बहता है जज्बा, राष्ट्र भक्ति और देश प्रेम का।
कैसे कोई दबा लेगा, एक इंच भी हमारी मातृभूमि का।।
सीमा पर सजी हुई है, वीर जवानों की हस्ती।
देश के भीतर भी तो है, युवाओं की मजबूत शक्ति।।
देश की आन बान और शान पे, जो खेल जाएं अपनी जान पे।।
ललकार कर दुश्मन ने, हर बार ही पराजय पाई है।
भारत मां के वीर सपूतों ने, बारम्बार ही धूल चटाई है।।
यूं तो शांति दूत हैं हम, पर गर हमको ललकार मिली।
नहीं रुकेंगे, नहीं झुकेंगे, हम उसका प्रतिकार करेंगे।।
हिंदुस्तान की सीमा पर, बुरी नजर जो डालेंगे।
हम उसका संहार करेंगे, प्रतिकार करेंगे, संहार करेंगे।।

नूतन सिन्हा
पटना, बिहार

जाग उठो

जाग उठो हे भारतवासी
भारत माँ ने पुकारा है
आज देश के दुश्मनों ने
भारत को आँख दिखाया है

नेपाल हो या चीन पाकिस्तान
रोज नक्शा बदल रहे हैं
भारत देश की भूमि को वो
अपनी जमीन बता रहे हैं

लाख दिखा दो नकली नक्शा
कुछ नहीं होने वाला है
जमीन है यह भारत की
हमने तुझे ललकारा है

भारत का हर बच्चा बच्चा
भारत का वीर सिपाही है
कान खोल कर सुन लो चीन
तुम्हें तुम्हारी औकात पर लाना है

भारत को तुम कम न आँको
सब हथियारों से लैस हैं
फिर से सुन लो चीन तुम
अब राफेल हमारा है।

प्रियंका शर्मा
चट्टावन(मेरठ)

चलो चले हम कदम बढ़ाते

निज संघर्षों में, व्यवधानों में
मौन पुकारों औ आह्वानो में
घोर तिमिर में, घनी धूप में
पीड़ाओ को पथ बतलाते
चलो, चले हम कदम बढ़ाते।।

राष्ट्र ध्वजा को हाथ लिये हम,
बलिदानी अश्रु साथ लिये हम,
अम्बर सा अभिमान लिये हम,
मावस को पूनम कर जाते।
चलो, चले हम कदम बढ़ाते।।

कोकिल सा स्वर गान लिये हम,
पुष्पों सी मुस्कान लिये हम,
गुरूजन परिजन का मान लिये हम,
नभ तक अपनी पहुँच बढ़ाते।
चलो, चले हम कदम बढ़ाते।।

भोर दिवस सी आस लिये हम,
माँ भारत का विश्वास लिये हम,
शशि रवि को साथ लिये हम,
संध्या सी स्वर्णिम रेख खिचाते।
चलो, चले हम कदम बढ़ाते।।

इला सागर रस्तोगी

स्वतंत्रता दिवस का उद्घोष

स्वतंत्र हुए परातंत्रता से
अंग्रेजो की हुकूमत से,
स्वतंत्रता का उद्घोष गूंजता
स्वतंत्रता दिवस के प्रत्येक जश्न संग।

लेकिन कर क्या रहें भारतवासी
अराजकता साम्प्रदायिकता रूपी विष फैलाके,
अंग्रेजों से स्वतंत्र हों
स्वार्थ की परातंत्रता में जकड़े।

हिन्दु मुस्लिम सिख ईसाई
नींव सभी धर्म भारत की,
जाति पांति के बंधनों में उलझ
उलझा रहे देशवासियों के सौहार्द को।

इस पावन मिट्टी को मान सम्पदा अपनी
चूर चूर कर रहे देश की अखण्डता को,
उस देश को जिसे एकता के सूत्र में बांधा
देशप्रेमी स्वतंत्रता सेनानियों के बलिदान ने।

बिसरे नागरिक, नहीं सम्पदा यह माटी उनकी
यह तो है धरोहर जो देनी अगली पीढ़ी को अपनी,
धर्म सम्प्रदायों में विभाजित कर
नफरत फैला देश का बंटाधार कर रहे।

समय अभी भी शेष है,
सावधान होने को उन चालाकों से,
जो झोंक रहे भारत की स्वतंत्रता को
स्वार्थसिद्धि, स्वार्थपूर्ति की भट्टी में।

भावना 'मिलन' अरोड़ा
नई दिल्ली

आशियाना

है वीरों का सरहद पे आशियाना,
तले आसमां के धरा को सजाना।

लुटा अपनी जाँ, हँसते–हँसते वो जाते,
जरा कोई सीखे इश्क इनसे निभाना।

जिन्हें अपनों की याद होगी सताती,
है आता उन्हें सबसे अश्क छिपाना।

सर्द हो या गरम, तुम डटकर खड़े,
न भूले तुम देश पे जान लुटाना।

वो अम्मा की लोरी, वो आँखों में गोरी,
छोटी लाडो के आँसू तुम्हें हैं आते भुलाना।

ए वीर मेरे फिर से संकट है छाया,
मात–धरा को बस तुम्हें है बचाना।

तुम्हीं हो समर्थ है तुममें वो शक्ति,
स्वर्ण अक्षर में लिक्खा तुम्हारा फसाना।

महाराणा तुम्हीं हो भगत भी तुम्हीं हो,
तुम्हें आता है दुश्मन को मार भगाना।

खुद में जोश बढ़ा लो, भाल तिलक सजा लो,
जाँ हथेली पे रख, चल फिर इतिहास बनाना।

मृदुला सिन्हा
पटना बिहार

वतन के लिए

कुछ कर जाऊं देश के लिए
मिट जाऊं अपने वतन के लिए
बस इतनी सी ख्वाहिश है अब तो
जीना भी हो देश के लिए मरना भी हो अब देश के लिए

उन फूलों सा अपना भी इतिहास बने
ना चढ़ पाऊं मंदिरों में तो भी गम नहीं
बस चढ़ जाऊं किसी शहीद पर तो वो जीवन सार्थक बने

उग जाऊं उस मिटटी पर किसी दूब की भाँति
जिस पर चले हो कभी भगत और गाँधी
उस तिलक सा हो जाऊं जो
शोभित करे देश के जवानों का मस्तक

उन पन्नों में उकेरे शब्द बन जाऊं
जिन पर लिखी गयी हो देश भक्ति के नारे
या देश के लिए मर मिटने वालों की जिंदगियाँ

हां, बस इतना ही आसरा
बन जाऊं कुछ ऐसा जिस से
भारत माँ की शान बढ़े।